Couvertures supérieure et inférieure
en couleur

GUILLAUME DE LORRIS

ET LE

TESTAMENT D'ALPHONSE DE POITIERS

Par M. L. JARRY

Membre de la Société Archéologique de l'Orléanais

et de la Société d'Agriculture, Sciences, Belles-Lettres et Arts d'Orléans

ORLÉANS,

H. HERLUISON, Libraire-Éditeur

RUE JEANNE-D'ARC, 17

—

1881

GUILLAUME DE LORRIS

ET LE

TESTAMENT D'ALPHONSE DE POITIERS

Par M. L. JARRY

Membre de la Société Archéologique de l'Orléanais

et de la Société d'Agriculture, Sciences, Belles-Lettres et Arts d'Orléans

ORLÉANS,

H. HERLUISON, Libraire-Éditeur

RUE JEANNE-D'ARC, 17

—

1881

Extrait des *Mémoires de la Société d'Agriculture, Sciences, Belles-Lettres et Arts d'Orléans.*

GUILLAUME DE LORRIS

ET LE

TESTAMENT D'ALPHONSE DE POITIERS.

———•◦❖◦•———

I.

Les biographies d'autrefois et d'aujourd'hui.

La biographie est peut-être, parmi les diverses branches de l'histoire, celle dont le développement a subi le plus de lenteur. Il semble pourtant qu'elle veuille, de nos jours, regagner tous ces retards et marcher dans une voie de progrès rapides, pour la forme ainsi que pour le fond.

Sans manquer à la gratitude qui est due aux œuvres de nos prédécesseurs, il est juste de reconnaître que leurs recueils biographiques, généralement très-écourtés, se copient servilement les uns les autres et qu'ils reproduisent, avec un respect par trop scrupuleux, les erreurs des devanciers dont ils se gardent bien de réparer les omissions.

Si l'on s'attache, de préférence, aux ouvrages consacrés à la vie d'un seul personnage, même et surtout, dirai-je, au siècle dernier, on se heurte contre un fatras insupportable où quelques renseignements utiles sont noyés au milieu de belles périodes et de digressions prétendues philosophiques ou historiques. Les unes et les autres se rattachent au sujet principal par un fil si léger qu'on le perd facilement et qu'on ne le retrouve guère que pour s'égarer de nouveau.

Les sources auxquelles ont puisé les anciens auteurs ne sont pas indiquées et il n'y a pas lieu de le regretter, car ce sont trop souvent des recueils d'anas et des mémoires plus ou moins apocryphes. Quant aux dates, elles sont d'un vague désespérant ou très-inexactes si l'on a eu, ce qui est rare, l'intention de les préciser. Il ne faut pas chercher dans ces travaux les détails intimes, dont on est si curieux à la fois et si prodigue aujourd'hui. La critique, le goût, la simplicité, en sont également bannis et remplacés fréquemment par les défauts contraires.

Ce tableau est peu flatteur; mais je le crois vrai. J'ajouterai bien volontiers qu'il existe d'honorables et nombreuses exceptions ; par exemple, la bibliothèque française de La Croix-du-Maine et du Verdier et les biographies écrites par les Bénédic'.as. Il faut y joindre les recueils de Michaud et de Didot, quelques biographies provinciales, d'autres toutes spéciales comme la France protestante; des vies de saints ou de dévôts personnages écrites par des auteurs dont quelques-uns, parmi les plus estimés, sont justement revendiqués par l'Orléanais; surtout, certains modèles du genre publiés par la Bibliothèque de l'Ecole des Chartes.

Cette Ecole, en effet, a pris la tête du mouvement et a vaillamment contribué à la transformation de la méthode, en poussant jusqu'à leur dernière limite les moyens d'investigation et en appliquant aux résultats obtenus les procédés de la plus sévère critique.

Mais plus elle donne, plus on lui demande. On ne se contente pas maintenant d'étudier le personnage qui intéresse, ses œuvres, ses actions et tout ce qui se rapporte directement à lui. On veut encore connaître sa famille, ses amis, les hommes, le pays et le temps au milieu desquels s'est écoulée sa vie, en élargissant toujours davantage le cadre primitif.

Et ce n'est point là une pure satisfaction de curiosité. Puisque le théâtre, œuvre d'imagination par excellence, cherche et obtient souvent l'illusion par l'observation des lois de l'unité, par l'étude des caractères, par la reproduction exacte, jusqu'à la minutie, des costumes, des décors, des accessoires ; n'est-il pas juste que l'historien, dont la première et la plus haute aspiration doit être d'atteindre la vérité même, se substitue à ses héros par une incarnation si intime qu'il semble avoir vécu leur propre vie ?

Afin d'atteindre ce but, de satisfaire toutes ces exigences, que de longues et pénibles recherches dans les registres d'état-civil, dans les minutes de notaires, dans les recueils de correspondances, dans les comptes, dans les fonds d'archives de toute sorte, pour ne parler que des manuscrits !

Il est néanmoins une époque qui paraît se dérober avec un soin jaloux à l'enquête scientifique. Elle nous a légué beaucoup de grandes choses et peu de noms, des œuvres au cachet puissant, mais sans signature. Les hommes de ce temps se rapetissent comme à plaisir. Les architectes se qualifient de maçons, tout au plus maîtres des œuvres de maçonnerie, les sculpteurs sont des tailleurs de pierre ou des *imagiers de fust*, les peintres s'appellent écrivains.

Et cependant ils ont construit ces superbes cathédrales, fouillé ces naïves statues, fondu ces vitraux inimitables, couvert de tableaux achevés le vélin des manuscrits. Leurs monnaies et les sceaux ont un grand caractère ; rien enfin de ce qu'ils nous ont laissé, jusqu'à leurs instruments, jusqu'aux menus ustensiles de ménage, ne manque ni de style ni d'une certaine noblesse. Qui connaît pourtant les noms de ces merveilleux ouvriers ? Et lorsque, par exception, ces noms parviennent jusqu'à nous, qui peut se flatter d'indiquer la patrie du personnage, d'éclaircir sa filiation, d'établir son état-civil, de préciser, fût-ce en quelques lignes, les principaux faits de son existence ?

Et de même pour les œuvres de la pensée, pour ces chansons de geste imitées dans toute l'Europe, pour ces fabliaux empruntés, mais non surpassés, par les conteurs de tous les temps, pour ces chroniques presque toutes anonymes.

Il semble vraiment qu'on fût alors aussi amateur de l'obscurité qu'on s'est montré depuis ambitieux d'une célébrité éclatante.

Cette époque, est-il besoin de le dire, c'est le moyen-âge, à l'étude duquel se consacrent précisément les élèves de l'Ecole des Chartes. Le mystère même dont s'enveloppe cette période de notre histoire exerce sur eux une puissante attraction : le charme de l'inconnu ; et ils se dévouent à déchirer des voiles épaissis, pour ainsi dire, par le dédain de plusieurs siècles.

Mais ici, les sources indiquées tout-à-l'heure font défaut sur plusieurs points : pas de registres d'état-civil, bien entendu, ni de minutes de notaires. La tâche est donc ardue, et il faut tenir compte de toutes les découvertes.

D'ailleurs, toutes sont précieuses ; puisque la révélation d'un nom d'auteur ouvre un nouveau champ aux recherches et que la publication d'un seul fait précis, appuyé de preuves et par conséquent indiscutable, met à néant les systèmes légèrement conçus des anciens biographes. En ces matières, il est plus important de détruire une erreur que de répéter des vérités déjà connues.

Deux membres de cette savante Ecole des Chartes, un professeur qui a nom Jules Quicherat, c'est assez dire ; et un élève déjà passé maître, M. J. Doinel, archiviste du département du Loiret, ont accompli cette œuvre de résurrection littéraire pour l'un de nos plus vieux poètes orléanais, Jean de Meung, le continuateur du *Roman de la Rose*. A quelques mois d'intervalle ils ont mis au jour deux documents inédits. M. Doinel a publié (1) le testament de Jean de Meung, daté du 25 janvier 1298 (n. s.) et M. Quicherat a produit un acte (2) prouvant que Jean de Meung n'existait plus au mois de novembre 1305. La mort du poète se trouve donc assez étroitement limitée entre ces deux années, 1298 et 1305. Ainsi tombent pour toujours les discussions interminables par lesquelles certains auteurs prolongeaient l'existence du poète jusqu'en 1318, même jusqu'à Charles V, en 1364.

Encouragé par l'exemple de ces deux savants, je tente une entreprise analogue pour Guillaume de Lorris, le premier auteur du *Roman de la Rose*, sur lequel on est, jusqu'à présent, encore moins renseigné que sur Jean de Meung, puisqu'on ne sait de lui que ce qu'il lui a plu de nous apprendre au début de son œuvre immortelle. Il avait vingt ans lorsqu'il l'a rêvée (3). Il commence le poème cinq ans après, en l'honneur d'une dame (4); et c'est tout.

Je ne prétends pas écrire une biographie; le pourra-t-on jamais faire? Je veux seulement indiquer un document contemporain et inédit où il est question de Guillaume. J'en tirerai certaines déductions; puis, du rapprochement de cette pièce avec plusieurs autres, il jaillira, peut-être, quelque lumière sur la personne et la famille de notre poète,

(1) Pag. 306-333, tome V de l'édition du *Roman de la Rose* avec traduction en vers, notes et glossaire, par M. J. CROISSANDEAU. Orléans, Herluison, 1880.
(2) Bibliothèque de l'Ecole des Chartes, tome XLI, 1880, 1re livraison, p. 46 à 54.
(3)   Au vintiesme an de mon aage. (Vers 23).
(4)   Avis m'iere qu'il estoit mains,
        Il a jà bien cincq ans, au mains. (Vers 47-48).

1*

de façon à préparer du moins la voie à de nouvelles investigations.

Le document dont je veux parler est le testament d'Alphonse de Poitiers, frère de saint Louis (1).

On sait dans quelles graves circonstances il fut rédigé. Louis IX brûlait de l'ardent désir de retourner dans la Palestine, d'où la mort seule de sa mère, en 1252, l'avait fait partir. En 1270, il entreprend la huitième croisade et assigne Aigues-Mortes pour lieu de rendez-vous. Il y arriva vers le milieu de mai et Alphonse de Poitiers vers la fin du même mois. Comme s'il prévoyait la funeste issue de l'expédition, ce dernier a le soin de faire son testament à Aymargues, au mois de juin, avant de s'embarquer ; prudente précaution, puisqu'il devait mourir au retour, à Savone, sur la côte d'Italie, le vendredi 21 août 1271 (2), bien peu de temps après son royal frère.

M. Boutaric se contente d'indiquer ce document, dans sa belle étude sur saint Louis et Alphonse de Poitiers qui a été couronnée par l'Institut de France. D'après cet auteur, la pièce est longue et insignifiante et ne mérite pas d'être publiée. Je ne saurais partager cette opinion. Sans doute, le testament d'Alphonse de Poitiers ne constitue pas une source historique de premier ordre; au milieu de la longue liste des legs pieux ou charitables, il ne contient aucune disposition de nature à éclairer l'histoire de l'administration publique sous le règne de saint Louis. A ce titre on conçoit

(1) Archives nationales, 1er carton des rois, K. 33 n° 14.

(2) Il y a, aux Archives nationales, avec le testament, un codicille aussi en langue française, fait à Meschines le samedi en la veille de Pentecôte 1271. Il modifie très-peu le testament et ne change rien aux clauses qui intéressent l'Orléanais.

Ces pièces font partie des Monuments historiques, 1er carton des Rois, K. 33 n° 14. Une note informe indique une copie du testament. Malheureusement elle ne se retrouve pas à côté de l'original.

que M. Boutaric ne l'ait parcouru que d'un œil indifférent,
puisqu'il ne lui était d'aucune utilité pour sa thèse.

Si pourtant l'on s'attache à lire en entier ce vénérable et
volumineux parchemin, tâche assez délicate, parce qu'il a
subi les injures du temps, que l'écriture est usée en divers
endroits, qu'ailleurs l'encre s'est profondément imbue et
que les caractères en s'élargissant se sont confondus ; que
les rats, peut-être, ces éternels ennemis des archives, s'y
sont taillés une nappe à belles dents ; si l'on a ce courage,
on y rencontre des renseignements utiles pour l'histoire de
plusieurs provinces, l'Orléanais en particulier, et l'on y
trouve cette clause : « Aux hoirs feu Guillaume de Lorriz
« dix livres de rente turnais ou poitevins. »

C'est une phrase bien courte et bien simple, mais pré-
cieuse pour l'histoire de notre vieux poète. J'ai eu la curiosité de faire une enquête, dans les comptes royaux, dans
ceux d'Alphonse de Poitiers et dans nos Archives orléanaises, sur les motifs de cette clause et sur son exécution. Je viens en rendre compte. J'en pense tirer, sans trop
de difficulté, les déductions suivantes :

1° La famille de Guillaume de Lorris fut attachée au service personnel des rois de France.

2° Guillaume lui-même faisait partie de la maison d'Alphonse de Poitiers.

3° Il était mort, contrairement à ce qu'en rapportent les
biographes, non point vers 1260 ou vers 1280, mais antérieurement à 1270.

4° Sa descendance masculine, s'il en eut, s'éteignit assez
rapidement.

5° Le premier auteur du *Roman de la Rose* est bien,
conformément à la tradition, originaire de Lorris-en-Gâtinais et non de Loury-aux-Bois, près Orléans.

C'est, à ce qu'il semble, plus qu'il n'en a jamais été dit sur
ce personnage aussi célèbre que peu connu.

Tous ces points seront successivement traités après une étude préliminaire sur les voyages et les séjours des rois de France à Lorris.

II.
Les Rois de France à Lorris.

Lorris, capitale de la contrée jadis appelée Gaule Chau-montoise, est certainement l'une des villes qui ont fait le plus anciennement partie du domaine royal. L'un de ses enfants, Antoine Coillard, jurisconsulte, poëte et historien du xvi⁵ siècle, lui donne même une origine aussi reculée qu'elle est étonnante dans sa naïveté, la voici :

L'an 1909ᵉ du monde, 253ᵉ après le déluge, 4ᵉ du règne de Ninus — la date est précise — Samothès chassait dans le cœur du Gâtinais où il avait fait construire un château. Son petit-fils, âgé de neuf ans, l'accompagnait et se mit à crier : « Au moyen de quoy, poursuit le chroniqueur, Samothès tenant un lingot d'or lui présenta et dist : Tien, voylà de *l'or*, *riz*. Ce que l'enfant feit. Au moyen de quoy Samothès nomma ce lieu Lorriz, et y feit construire et édifier une ville (1). » Cette méthode historique et étymologique est des plus simples, sinon des plus certaines. Notre vieil annaliste Le Maire n'est donc pas l'inventeur du procédé ; il suffit à sa gloire de l'avoir perfectionné.

Prenons les choses de moins haut ; d'autant plus qu'il n'y a pas lieu d'écrire ici l'histoire de Lorris, mais plutôt d'établir les rapports des rois de la troisième race avec cette petite ville.

Lorris fut visité fréquemment depuis Louis VII jusqu'à Philippe IV, celui de nos rois qui eut l'humeur la plus voyageuse ; Louis X n'y vient pas durant la courte période

(1) *Les antiquitez et singularitez du monde*, par le Seigneur du PAVILLON, près LORRIZ, in-8°, 1557, p. 126.

de son règne; Philippe V y fait un long séjour en 1317; Charles IV y paraît deux fois en 1322 et 1324.

Depuis lors, aucun roi ne passe à Lorris. La guerre de Cent-Ans les détourne de cette paisible habitude de visiter leur domaine, tandis que les provinces du royaume, fleurons trop débiles de la couronne, tombent une à une, aux mains de l'étranger. Louis XI voyage de préférence du côté de Meung et de Cléry. qui conduisent sur la route de Montils-les-Tours. Ses successeurs sont entraînés au midi p a es guerres d'Italie ; quant aux derniers Valois, ils étaient peu faits pour hésiter un instant entre les chasses du Gâtinais et la vie voluptueuse, quand elle n'était pas sanglante, dans les châteaux du Blésois et de la Touraine. Henri IV poursuit ses amours à Malesherbes. Après Louis XIII, sauf les voyages politiques, les rois ne quittent guère le chemin de Paris à Versailles.

C'est donc au XIIe et au XIIIe siècle que Lorris atteignit son apogée, sous Louis VII qui y vint plus de dix fois, sous Philippe-Auguste (1) dont les séjours y sont au moins aussi nombreux qu'à Montargis et bien plus qu'à Orléans, à Châteauneuf et à Vitry-aux-Loges ; et sous saint Louis, que Lorris reçut à huit reprises dans ses murs. On augmenterait certainement ces chiffres et on compléterait singulièrement les itinéraires royaux, en dépouillant jusqu'aux derniers les actes de nos cartulaires.

Il est aisé de comprendre que la répétition si multipliée de ces voyages royaux ait créé d'abord, puis resserré très-étroitement, entre les populations de ces contrées et le souverain, les liens d'une mutuelle affection.

Aussi, quand les affaires publiques lui permettaient d'accourir au fond de ses provinces, le roi de France descendait

---

(1) Voici ce qu'en dit Chopin : « *Nimirum soli cœlique amœnitate captus Philippus, agebat ibi diutius et in vicino nemore oblectari senatorio ludo solebat* »

volontiers du trône et, laissant de côté l'appareil solennel
et trop encombrant de la cour, partait à cheval, accompa-
gné seulement de quelques officiers de sa maison ou des
seigneurs qu'il honorait de son amitié ; encore cette petite
troupe logeait-elle un peu à l'étroit dans des châteaux tels
que ceux de Fay-aux-Loges, Courcy, Boiscommun, Vitry,
Châteauneuf, Lorris ; et j'en oublie, car cette partie de
l'Orléanais était toute parsemée de résidences royales.

Le château de Lorris avait été reconstruit à une date
antérieure à 1108, puisque, en cette année, Louis-le-Gros
assigne aux religieux de Fleury-sur-Loire, pour l'anniversaire de son père qui venait de mourir et dont le corps
reposait dans cette abbaye, une rente de cent sous, *super
castellum novum Lorriaci*. Ce château neuf fut probablement dévasté pendant la guerre de Cent-Ans. Il n'y
en avait plus que des restes dès le xviie siècle et il est
ainsi indiqué dans un acte de *foy et hommage* de 1738 :
« Le château des Salles, inhabité, presque démoli et en
ruine (1). »

On peut se rendre compte du modeste mobilier qui gar-
nissait les petits châteaux royaux, en lisant l'*Inventaire
et vente après décès des biens de la reine Clémence de
Hongrie, veuve de Louis-le-Hutin, en 1328*, publié par
M. Douet d'Arcq, pour la Société de l'Histoire de France,
dans le *Nouveau Recueil des comptes de l'argenterie des
rois de France*. Sous l'article intitulé : Lorrys en Gasti-
nois, est la prisée du linge et des menus ustensiles de ce
château. Le tout fut vendu 18 livres parisis à Jaquemin le
concierge.

Une fois rendu à destination, le roi s'abandonnait aux
plaisirs toujours préférés de la vénerie et de la fauconne-
rie, et, comme le premier venu de ses bourgeois, s'occu-

(1) Invent. des Arch. dép., A. 248.

pait durant quelques jours de l'administration de ses biens, ordonnant la réparation des bâtiments domaniaux, surveillant ses vignes, ses bois et ses foins.

Le souverain reparaissait bientôt pour charger la recette de ses prévôtés et bailliages de rentes en faveur des hospices, hôpitaux, léproseries et maladreries de la contrée ; pour délivrer des priviléges aux abbayes, fonder de pieux anniversaires dans les églises, donner aux paroisses ou à d'anciens compagnons d'armes des droits d'usage dans les forêts royales, distribuer enfin aux pauvres l'aumône à pleines mains et les bienfaits à toutes les classes.

Partageant son temps entre la chasse et son administration toute paternelle, abordable au plus humble de ses sujets, le roi se maintenait avec tous en contact immédiat s'initiait à leurs besoins, se préoccupait des abus pour les redresser de suite ou les corriger à la longue ; donnant ainsi l'exemple du devoir aux fonctionnaires de tout ordre et de tout rang, et résumant la politique royale dans cette règle unique : Respecter dans chacune des provinces les usages et coutumes établis, mais faire respecter dans toutes l'autorité suprême.

Ainsi s'écoulait, d'après les comptes royaux et les pièces de nos archives, la vie de château pour les rois de France, au XIIIᵉ siècle.

Par une réciprocité bien naturelle et en reconnaissance de ces libéralités qui lui profitaient presque toutes, le peuple s'efforçait de rendre au souverain la résidence moins incommode par différentes mesures dont les coutumes locales ont gardé quelque trace.

Dans la ville de Lorris, par exemple, le roi et la reine avaient droit de prendre à crédit, pendant l'espace de quinze jours, toutes les provisions de bouche pour la table royale ; le bois était amené aux cuisines du château par ceux des habitants qui n'avaient ni cheval, ni char et par les usagers de la forêt (1). Les potiers de Lorris fournissaient gratuitement tous les ustensiles de poterie nécessaires durant le séjour du Roi. La même redevance appartenait au prévôt et aux quatre sergents ; moyennant quoi, les potiers étaient affranchis des aides et subventions. Ils jouissaient aussi d'un assez curieux privilège. Tant que le Roi et la Reine demeuraient dans la ville, les potiers de Lorris recevaient chaque jour trois pains, une quarte de vin et des viandes à proportion ; ils prenaient en outre « le vin estant es potz sur table à l'heure que l'on dict et appelle *aux hanaps* (2). »

C'est à Lorris, ajoutons encore ce détail, que nos Rois inaugurèrent, pour l'Orléanais du moins, la pieuse coutume de distribuer aux communautés religieuses la dîme du pain et du vin servis sur la table royale. Louis VII étant à Lorris, en 1163, divisa cette aumône en trois parts ; les deux premières étaient offertes aux religieuses de Chaumontois et de Brandelou (3), petites communautés dépendant de la Madeleine d'Orléans ; la troisième était attribuée aux lépreux de Lorris (4).

Par une libéralité analogue, rappelée dans une charte de Philippe-Auguste de 1180, Louis VII promettait de faire chaque jour, pendant qu'il serait à Lorris, aux Bons Hommes de Chappes-en-Bois, la délivrance d'une certaine quantité de pain, d'argent, de vin et même de chandelle. Dans

(1) Coutumes de Lorris.
(2) Livre des usagers de la forêt d'Orléans; Archives départementales du Loiret.
(3) *Diplomatique de Mabillon*, p. 643 et *Histoire du Prieuré de la Magdeleine-lez-Orléans*, par M. L. DE VAUZELLES.
(4) « *Moniales de Chaumontois et de Gandelan et leprosi de Lorriaco, pro decima panis et vini apud Lorriacum, sabbatho sequenti* (14 décembre 1308) *et pro parvo dinerio dominico sequentis. CX s.* » — *Historiens des Gaules*, XXII, p. 563.

le cas où la reine seule habitait le château, la *livrée* était réduite de moitié (1).

Ces miettes de l'histoire (l'expression trouve ici sa place naturelle) peuvent sembler minutieuses. J'y vois, pour mon compte, un reflet aussi naïf que sincère de ces rapports affectueux entre le roi et ses sujets dont il vient d'être parlé. De même, c'est à ces relations quotidiennes, pour ainsi dire, qu'il faut remonter, afin de trouver l'origine des coutumes de Lorris et l'explication des clauses libérales de cette charte d'émancipation, que tant de villes s'efforcèrent d'obtenir ; car elles étaient destinées à produire, dans le droit politique du Moyen-Age, une impression plus profonde encore que ne fit le *Roman de la Rose* dans la littérature et dans la vie sociale.

On fait remonter à Louis VI la première rédaction des coutumes de Lorris, et tous ses successeurs s'empressèrent de les confirmer. Dans ses lettres-patentes données à ce sujet en 1448, Charles VII dit, en propres termes, que plusieurs de ses prédécesseurs, trouvant la situation de ce lieu riante et agréable, l'ont souvent choisi pour y faire leur résidence et qu'en son église paroissiale reposent les corps de la reine Constance, épouse de Robert, et de plusieurs enfants de rois qui y furent inhumés.

Par suite de cette prédilection, et jusqu'à la constitution du duché d'Orléans, les rois firent plusieurs fois entrer la châtellenie de Lorris dans l'apanage de leurs enfants ou dans le douaire des reines.

Eu 1209, Philippe-Auguste armait chevalier et créait comte d'Artois son fils Louis, ensuite roi sous le nom de

---

(1) Bibl. nationale, ms. lat. ancien fonds St-Germain, 572. — V. à propos de ces livrées, l'ordonnance sur la maison du roi, donnée à Lorris, le 17 novembre 1317. — ISAMBERT, *Recueil général des anciennes lois françaises*, t. III, p. 164.

2

Louis VIII. Il lui constituait en même temps un domaine avec les terres de Poissy, Lorris, Châteaulandon, Vitry-aux-Loges et Fay-aux-Loges (1).

Saint Louis donna Lorris à son frère Robert (d'Artois), en 1237; et, en 1267, à son fils Philippe(le Hardi), à l'occasion de leur *chevalerie*, avec Orléans, Châteauneuf, Montargis, Châteaulandon, Poissy, Boiscommun, Vitry, Fay et les forêts d'Orléans et de Cepoy.

En 1331, Philippe de Valois assigna Lorris à sa femme Jeanne de Bourgogne, pour l'exécution de ses conventions matrimoniales.

Apanagistes ou non, les princes de la maison de France résidaient, plus longtemps encore que les rois, en Gâtinais; quelques-uns même, séduits par la douceur du climat, y passèrent quelques années de leur jeunesse. Ils s'y livraient à la chasse et aux exercices du corps, partie la mieux cultivée de leur virile éducation, sous les yeux de serviteurs dévoués, vieillis à la cour et auxquels on donnait une retraite bien méritée, dans les dépendances du domaine, avec des rentes assignées sur les recettes des prévôtés.

Ainsi le jeune Louis, fils de Philippe-Auguste, était, en 1210, à Lorris, ville de son *apanage*, comme il a été dit plus haut, faute d'une autre expression, le nom et la chose ne devant exister qu'au siècle suivant. Il concède à son fauconnier Guillaume, en récompense de ses fidèles services, deux moulins à Lorris et trois muids de froment de rente sur la grange royale (2). En 1233, saint Louis confirme à Guillaume, Geoffroy et Florent de Sulie la propriété d'une maison avec des prés et vingt livres de rente annuelle sur

(1) Cette localité est nommée à tort *Le Fay*, à la page 11, tome I, de la *Vie de saint Louis*, par Le Nain de Tillemont, publiée par la Société de l'Histoire de France.

(2) Vidimus sur parchemin délivré par Jean Poirier, prévôt d'Orléans, le 3 décembre 1392. — Coll. Jarry.

la prévôté de Lorris, que son aïeul Philippe-Auguste avait donné à leur père, maître Jean de Sulie, arbalétrier (1 . Philippe-le-Bel, en juillet 1305, accorde un muids de froment de rente à Marguerite, fille de défunt Denis de la Cour, en son vivant concierge du roi à Lorris (2).

Ces rois et ces princes, qui savaient si bien reconnaître les bons offices de leurs anciens serviteurs, pourvoyaient volontiers des charges devenues vacantes les jeunes gens issus des vieilles maisons du pays ; c'était d'une habile politique, car ils entouraient ainsi le trône d'un dévouement pour ainsi dire héréditaire.

III.

La famille de Lorris au service des Rois de France.

Il y avait à Lorris une famille qui portait le nom de la ville, comme à Orléans et dans bien d'autres endroits dépendant aussi du domaine royal. Que ce nom fût primitivement une simple indication d'origine, ou qu'il ait été appliqué aux possesseurs d'une fonction héréditaire, peu importe ; ce qu'il y a de certain, c'est qu'il se perpétua dans la même maison.

Ce qui l'atteste, c'est son maintien devant les noms de fiefs qui individuellement suffisaient, avec les prénoms, à distinguer leurs propriétaires. Ainsi que nous le verrons plus loin, les seigneurs du Moulinet et ceux de Courpalais portaient en même temps leur nom de Lorris ; c'est la meilleure preuve qu'on puisse donner de l'existence d'une maison de Lorris, dans laquelle il ne faut pas confondre tous ceux auxquels ce nom de Lorris fut accidentellement donné ; et le nombre en est grand.

Une autre preuve peut se tirer du nom de l'un des

(1) Vidimus sur parchemin du 23 novembre 1394. — Collect. Jarry.
(2) Vidimus sur parchemin du 3 décembre 1392. 17

membres de cette famille domicilié à Orléans; on l'appelait : Johannes de Lori Aurelianensis (1). Il est évident qu'Orléans est ici un nom de résidence et Lori le nom de famille; sans quoi on arrive à cette conséquence absurde qu'un homme ou une famille ayant habité successivement dans plusieurs villes porterait à la fois tous les noms de ces villes joints au sien propre.

La famille de Lorris avait été jadis puissante et riche. Blanchard de Lorris était bien vu à la cour de Louis-le-Gros. Il y fit une fortune rapide et construisit le château du Moulinet, dans la paroisse de ce nom, à deux lieues environ de Lorris. Il mourut sous le règne de Louis VII, laissant trois fils : Robert, Galeran et Mathieu.

Robert, c'était l'aîné, prit le nom du fief du Moulinet qui lui échut en partage. Moins heureux que son père, il contracta des dettes et, pour satisfaire ses créanciers, fut contraint de vendre, en 1155, moyennant trois cents livres, à l'abbaye de Saint-Benoît-sur-Loire, la moitié de son domaine et bientôt, en 1157, d'aliéner au roi lui-même le château du Moulinet avec ses dépendances. Le roi céda une partie de son acquisition aux Bénédictins, réservant dans son lot le château et le donjon. Ce château fut plusieurs fois donné : par Louis VII à Pierre de Courtenay, son frère; par Philippe IV, en 1293, à Pierre de Machau; par Philippe V à la reine Clémence. Ces trois donations furent successivement révoquées à la prière des moines, sous prétexte que cette seigneurie devait rester commune entre eux et le roi seul. De guerre lasse, Philippe V finit par leur abandonner tout ce qu'il possédait au Moulinet, moyennant quarante livres parisis de rente annuelle (2).

(1) *Historiens des Gaules et de la France*, XXI, p. 354.

(2) Toutes ces chartes, intéressant l'histoire du Moulinet, sont dans le cartulaire de Saint-Benoît, aux archives départementales du Loiret.

Il était utile de rapporter ces faits parce qu'ils autorisent à croire que l'appauvrissement de la famille de Lorris décida quelques-uns de ses membres à aliéner leur indépendance pour entrer au service de la maison royale.

On en rencontre plusieurs, en effet, parmi les serviteurs de saint Louis, dans les comptes royaux et dans le *Compte des dépenses de la Chevalerie d'Alphonse, comte de Poitiers*, au mois de juin 1241 (1). Louis VIII avait légué le Poitou à son fils Alphonse. Celui-ci ayant atteint sa majorité, saint Louis voulut le mettre en possession. Auparavant, il tint à Saumur une cour plénière pour conférer la chevalerie à son frère Alphonse, et en même temps à 29 gentilshommes de la meilleure extraction. Le roi déploya dans ces fêtes une pompe d'autant plus grande qu'elle dissimulait, au milieu de cette solennité, la réunion d'une armée pour la guerre qu'il allait déclarer au roi d'Angleterre.

Dans de pareilles occasions, les rois offraient aux serviteurs de leur maison des habillements somptueux qu'il ne faut pas confondre avec ceux qu'on leur distribuait régulièrement plusieurs fois par an et qui semblaient faire partie intégrante de leurs gages. Les uns et les autres portaient le nom de *Robes*, terme qui sert de rubrique à un chapitre spécial dans les comptes et particulièrement dans celui de la chevalerie du comte de Poitiers.

Saint Louis ne dérogea pas à la coutume. Dans la liste des personnages auxquels furent distribuées des robes, figure Perriaus de Lorris (2), dont les fonctions ne sont pas indiquées, mais qui est connu pour avoir rempli une mission outre-mer, en 1239. Jean de Lorris reçut une pareille

(1) Ce compte a été publié par M. E. Boutaric dans la *Bibliothèque de l'Ecole des Chartes*, 3ᵉ série, t. IV.

(2) Chapitre I du compte : *Primo in robis date familie.*

gratification (1). On retrouve à la fin du compte ce même
Jean de Lorris chargé de payer seize paires d'*estivaux* ou
souliers légers, offerts au comte (2).

Jean de Lorris est un vieux serviteur du roi qui dote sa
nièce, en 1234. Saint Louis l'avait attaché à la maison
d'Alphonse, dont Jean est chargé de payer les dépenses de
costumes en 1239 (3). C'est sûrement le même qui est
nommé prévôt d'Orléans en 1261 (4) et qu'on verra figurer
dans le testament d'Alphonse.

Louis IX comptait enfin au nombre des clercs de sa chapelle (5) Eudes de Lorris, seigneur de Courpalais, que plusieurs historiens regardent comme le frère de Guillaume
de Lorris. Il fit entrer dans son parlement Etienne de Lorris, neveu du précédent, clerc de son fils Philippe III. Il
sera parlé plus loin de ces deux personnages.

Quoique les domaines d'Alphonse, le comté de Poitiers et
celui de Toulouse qui lui échut par la suite, fussent éloignés
du centre de la France, le prince n'y résida pas. Il habitait
ordinairement Paris et les environs, Vincennes, Josaphat
près de Chartres, l'Hôpital près de Corbeil, Longpont, etc.
Il gouvernait cependant lui-même, mais de loin, imprimant
la direction suprême à toute une hiérarchie de fonctionnaires établie sur les mêmes bases que l'administration
royale et manifestant les mêmes tendances centralisatrices :
« Il demeurait, dit son historien, dans les environs de
Paris, allant de château en château, à l'exemple des princes de sa race. L'étroite amitié qui l'unissait à saint Louis,

(1) Chap. XXI. *Robe date : Bruneta ad Johannem de Lorriaco.*
(2) Chapitre XXV. *Calciamenta comitis Pictaviensis : Pro XVI
paribus estivallorum per Johannem de Lorriaco, CXII s.*
(3) *Historiens des Gaules et de la France*, XXII, p. 606, 608, 610,
615.
(4) Ms. 433 de la Bibl. d'Orléans.
(5) Le roi avait d'autres clercs d'origine orléanaise : Terri et Raoul
d'Orléans, W. de Chartres et M. de Lore, tous clercs en l'année 1256.

les rapports journaliers qu'il avait avec son frère, les traditions de famille, tout l'invitait à prendre pour modèle celui
qui était regardé de son vivant comme le plus parfait des
rois et le plus saint des hommes (1). » Il poussa l'esprit
d'imitation jusque dans la composition de sa maison domestique et, comme saint Louis, Alphonse prit à son service
plusieurs membres de la famille de Lorris. Il semble dès
lors bien naturel qu'il ait voulu faire la fortune de Guillaume de Lorris.

Dans plusieurs comptes d'Alphonse de Poitiers on trouve
les noms de Mathilde de Lorris (2) et de Denisot de Lorris (3).
Celui-ci était attaché à la vénerie, le service le mieux
monté et le plus dispendieux d'une maison princière au
Moyen Age. Il avait la garde de huit chiens et de deux lévriers (4). Il est plusieurs fois chargé d'aller chercher les
faucons du comte.

Quant à Mathilde de Lorris, elle figure déjà, en 1234,
au compte de la prévôté de Lorris, avec 12 deniers de
gages par jour (5).

Elle suivait parfois la cour dans ses déplacements et son
témoignage est invoqué pour certaines dépenses faites
à Saint-Germain-en-Laye et à Crespy.

Elle avait une sœur nommée Jeanne, et maria sa fille à
Girard d'Espinol. Celui-ci semble avoir été officier de vénerie, aux appointements de 3 sous par jour. Il commandait

---

(1) *Saint Louis et Alphonse de Poitiers*, par E. BOUTARIC. Intro-
duction, p. 7.

(2) Bibl. nat. ms, lat. 9019 f° 3. Dona : *Pueri filie Matildis de Lorriac. de dono X l. t.*

(3) *Id.* f° 2. *Robbe familie domini comitis : Denisotus de Lorr*
XL s. — F° 3. Dona : *Denisotus de Lorr, de dono X l.*

(4) *Id.* f° 4. *Tabellio venatorum et aviculariorum : Denisotus de*
Lorris, pro custodia VIII° canum et duorum leporariorum, per
diem XII d.

(5) *Historiens des Gaules et de la France*, XXII, p. 571.

à 8 archers et à 4 valets chargés de mener 22 chiens et 8 lévriers (1). En 1239, il fut créé chevalier et reçut du roi, à cette occasion, une *cotte* de soie (2).

IV.
Guillaume de Lorris et Alphonse de Poitiers.

Enfin le nom de Guillaume de Lorris apparaît plusieurs fois dans ces documents. On ne saurait dire par quels liens il se rattache à Jean, à Mathilde et à Denisot de Lorris. Il reçoit dans le même compte que ces derniers une somme de vingt sous en présent (3).

Mais il faut ici reprendre d'un peu plus haut.

Vers l'année 1210, Philippe-Auguste donne à Guillaume de Lorris, son sergent, la moitié des fours de Cepoi avec droit d'usage dans les bois de Saint-Léger et de Châlette (4). Dans le compte des bailliages de 1234, au chapitre de la châtellenie de Sens, Guillaume de Lorris reçoit 12 deniers de gages par jour (5).

Ce sergent, de famille noble, mais de trop petite fortune, peut-être, pour figurer sur la liste des chevaliers ou écuyers du bailliage de Lorris sous Philippe-Auguste, ce sergent, dis-je, ne peut être le poète ; ce n'est pas le même personnage qu'on retrouve en 1245 au service d'Alphonse de Poitiers. Il aurait eu une longue existence, tandis que la tradition rapporte, d'accord avec le poème lui-même, que Guillaume de Lorris mourut encore jeune.

Mais le sergent du bailliage de Sens avait un fils que

(1) *Historiens des Gaules et de la France*, XXII, p. 595, 603, 606, 607.

(2) Id. p. 590.

(3) Ms. lat. 9019 f° 3, Doua : *Guillelmus de Lorr, de dono XX s.*

(4) *Catalogue des Actes de Philippe-Auguste*, par M. L. DELISLE, p. 288.

(5) *Historiens des Gaules*, XXII, p. 574.

nous voyons, en 1239, employé à faire des arbalètes au château de Melun pour le compte du roi, comme le témoigne l'article suivant :

« *Quinque operarii ad ballistas morantes ad Meledunum, castellanus, suus frater (Thomas), filius Guillelmi de Lorriaco, filius Radulphi de Aurelianis et (Gervasius Aurelianensis) filius Gauberti* (1). »

Ces cinq *ouvriers*, et l'on remarquera que le châtelain de Melun en faisait partie, reçoivent la même année 1239, pour leurs *robes* d'été, chacun 21. 10 s. (2).

Le fils de Guillaume de Lorris était donc *artilleur* (artillator).

On appelait ainsi, dès le XIIIᵉ siècle, les hommes employés à la fabrication des *engins de guerre*. Il y avait des ateliers dans les châteaux royaux et spécialement à Orléans, Lorris, Melun et Montargis. Dans ces deux dernière villes résidait un maître de l'artillerie.

Pour moi, ce fils de Guillaume de Lorris portant (les comptes d'Alphonse de Poitiers le prouveront) le même prénom que son père, c'est l'auteur du *Roman de la Rose.*

Une objection, basée sur son humble condition, ne pourrait se soutenir sérieusement. D'ailleurs sa situation auprès d'Alphonse de Poitiers valait bien, si elle ne la surpassait pas, celle de son père, le sergent. Et puis il n'est pas besoin de chercher bien loin un terme de comparaison. L'histoire littéraire de la province le fournit de suite avec Guillaume Guiart, le dernier trouvère orléanais, l'auteur de la *Branche des royaux lignages.* Cet ancien sergent de la milice orléanaise, à la fin du XIIIᵉ siècle, devenu *ménestrel de bouche* pour chanter les faits de guerre auxquels il avait pris une glorieuse part, n'est-il pas évidemment le confrère

(1) *Historiens des Gaules*, XXII, p. 608.
(2) Id. p. 589.

de Guillaume de Lorris, racontant les plaisirs et les peines
d'amour, en s'inspirant des ressouvenirs de la cour princière à laquelle ses fonctions l'attachaient.

Revenons donc à ce dernier.

Dans un compte de la Toussaint 1244, Guillaume de Lorris est cité pour le bailliage de Poitiers (1), ce qui indique-
rait des fonctions spéciales avec éloignement momentané
de la Cour.

On retrouve Guillaume de Lorris dans un compte de deniers pour robes distribués à la maison d'Alphonse de Poitiers pour le terme de l'Ascension 1245. Il y reçoit une
somme de 40 sous (2). M. Boutaric cite ce compte et lui
restitue sa date (3). Il ajoute : « On ne donnait pas de vêtements, mais une somme qui variait suivant l'importance des
fonctions. » Or Guillaume de Lorris n'est pas des mieux
traités ; on donnait à ceux-là 50 sous, c'est le maximum.
Mais il est parmi les premiers de ceux qui reçoivent 40 sous
et beaucoup de serviteurs n'ont que 20 sous.

Dans un autre endroit du même manuscrit, Guillaume
présente un compte d'habillements avec Pierre le Breton (4).
Cette fois il est appelé de Lorrez; mais, que le nom
s'écrive en abrégé : Lorr. ou Lorriac., ou en entier :
Lorrez, Lorriz ou Lorris, il n'y a lieu d'établir aucune dis-

(1) Archives nat. KK 376 fº 61. Cette cote doit remplacer celle qu'a
donnée M. Boutaric : KK, 316, qui n'est pas exacte et s'applique à des
comptes du comté d'Aï. Ce registre KK 376, transporté au Musée des
Archives, s'y est enrichi d'une nouvelle cote : Musée AE II 247. Je dois
ce renseignement à mon ami M. Bonnardot, archiviste à la direction
des travaux historiques de la ville de Paris.

(2) Bibl. nat. ms. lat. 9019 fº 2. Robbe familie domini comitis :
Guillelmus de Lorriaco XL s.

(3) Op. cit. p. 338.

(4) Ms. lat. 9019, fº 7. Ce Pierre le Breton était un des agents
chargés d'acheter les vêtements du Comte, ainsi que Jean de Pacy,
Jean de Beaumont et Jean Sarrazin. Ce dernier paraît aussi dans les
comptes de l'hôtel de saint Louis.

tinction ; attendu que les manières d'écrire et d'ortho-
graphier le même nom, au Moyen-Age, ont subi des
variations bien plus étonnantes. Il ne s'agit ici que d'un
personnage unique, occupant toujours la même place, dans
les comptes, au milieu des mêmes collègues. Ce personnage
vivait au temps de saint Louis, époque où florit l'auteur du
Roman de la Rose ; il s'appelait Guillaume de Lorris.
Lorsque les raisons qui autorisent à le considérer comme
issu de la petite ville du Gâtinais auront été exposées
plus loin, en dehors même de la tradition qui apporte toujours, jusqu'à preuve parfaite du contraire, une présomp-
tion grave, je pense qu'il ne pourra subsister aucun doute
sur l'identité de notre personnage et qu'on le reconnaîtra,
avec moi, pour le poëte lui-même.

Les documents qui viennent d'être analysés prouvent que
Guillaume faisait partie de la maison du comte Alphonse.
Mais quel rang y tenait-il ? Ce serait assurément chose té-
méraire que de lui assigner une place distinguée entre les
membres du conseil ou parmi les enquêteurs choisis presque
exclusivement dans le sein du clergé régulier et dont firent
partie, pour citer quelques noms orléanais : Renaud de
Chartres, dominicain, 1255 ; Raoul de Gonesse, chanoine de
Chartres, 1261 ; frère Raoul de Gien, 1263 ; Jean de la
Grange, archidiacre de Blois ; l'archiprêtre de Romorantin,
Jacques de Gien, dominicain ; Etienne de Lorris, 1268.

Tout au plus pourrait-on s'appuyer sur l'affirmation de
plusieurs auteurs très-sérieux, que Guillaume fut jurisconsulte et sur ce qu'il était issu d'un pays célèbre par ses coutumes, pour croire qu'il ait pu remplir, pendant une partie
de sa vie, quelque charge judiciaire dans l'un des nombreux
domaines d'Alphonse de Poitiers. Cette hypothèse, qui ne
manque pas de vraisemblance, fournirait un heureux
rapprochement entre l'auteur du *Roman de la Rose* et
celui des romans intitulés : *La Manekine, Jean de Dam-*

martin et *Blonde d'Oxford.* Ce contemporain de Guillaume de Lorris, un peu plus jeune pourtant et qui, par conséquent, put être son élève, débuta brillamment, comme lui, dans sa première jeunesse par des poésies amoureuses. Il n'est autre, M. Bordier l'a savamment prouvé (1), que Philippe de Remi, fils d'un bailli du Gâtinais du même nom, tenant son siège à Lorris (2). Il devait s'illustrer sous le nom de Beaumanoir, l'un des plus grands jurisconsultes du XIIIᵉ siècle, le rédacteur des coutumes de Beauvaisis.

Sans prétendre, pour Guillaume de Lorris, à cette double couronne du poète et du légiste ; ou plutôt, avec toutes réserves sur sa carrière de jurisconsulte, jusqu'à ce que de plus amples découvertes aient fait jaillir sur ce point la lumière, il reste désormais indiscutable que Guillaume fut attaché au service d'Alphonse de Poitiers, certainement aux années 1244 et 1245 ; et probablement jusqu'à sa mort, comme le donne à penser le testament du prince.

Il était son ménestrel et son sergent. Cette dernière expression est assez vague, puisque les deux sens du mot *serviens* impliquent soit un grade militaire, soit des fonctions purement domestiques. Quoiqu'il comptât parmi les premiers de ces serviteurs, la situation est certainement modeste ; mais on sait que la condition des lettrés et des savants ne devait pas, de longtemps, s'élever au-dessus de cet humble niveau.

Lorsque les poètes ne naissaient pas sur les marches du trône, comme Thibaud de Champagne, Charles d'Orléans

(1) *Philippe de Remi, sire de Beaumanoir* (1246-1296). — Paris, Techener, in-8°, 1869.

(2) Philippe de Remi, le père, était bailli du Gâtinais en 1239 et 1241, (sentence entre la Cour-Dieu et les habitants de Fay-aux-Loges). Il l'était encore en 1259 et 1262. (Actes du Parlement, I, nᵒˢ 382 et 675). Ce long exercice à Lorris même, du vivant du poète Guillaume, rend mon hypothèse très-vraisemblable.

ou Marguerite de Valois, exceptions aussi rares que brillantes, ils étaient ou devenaient domestiques des princes ; la liste en est longue, de Guillaume de Lorris à Molière, le valet de chambre-tapissier du roi. Heureux encore quand ils n'étaient pas traités à l'égal des bateleurs et des fous de cour et que les grands montraient quelque considération pour leur talent !

Alphonse de Poitiers fut certainement de ces derniers; tout ce que l'on sait de son affabilité et de l'élévation de son caractère tendrait à le prouver. Ce n'était pas d'ailleurs un prince illettré, bien qu'on l'accuse d'avoir exercé une fâcheuse influence sur la littérature provençale et d'avoir précipité sa décadence, sans réfléchir, pourtant, qu'elle s'éteignit d'elle-même par la réunion des provinces méridionales à la couronne de France.

Le comte de Poitiers montre d'ailleurs un esprit cultivé et délicat dans sa correspondance avec la reine Marguerite ; en maint passage, il paraphrase Horace assez heureusement ; si l'on admet qu'une partie de ce mérite doive rejaillir sur son secrétaire, Alphonse garde au moins l'avantage d'avoir su choisir habilement ses collaborateurs et d'avoir accordé sa protection aux lettrés.

Il suivit ainsi, à l'égal de saint Louis, les traditions libérales de sa mère, la reine Blanche de Castille, qui, en 1241, entretenait à Orléans, la ville aux scribes renommés, un écrivain à ses gages « *filius Bernardi Coci* », pour transcrire des psautiers et des livres d'heures (1).

Un des sergents d'Alphonse, qui était en même temps ménestrel et qui a gardé l'anonyme, dédie au comte la traduction d'un abrégé de l'histoire de France, écrit en latin sous Philippe-Auguste jusqu'à l'année 1214 et continué par

_____

(1) *Le cabinet des manuscrits de la Bibliothèque nationale*, par M. L. Delisle, I, p. 7, note 2.

le translateur jusqu'en 1226. Le titre en est : *La Geste des nobles rois de France* (1). Le volume est d'une belle écriture et enrichi d'enluminures. Voici les premières lignes de la dédicace :

« A son très chier seigneur, le très bon chrestien, la très vaillant personne, Comte de Poitiers et de Toulouse, cil qui est ses sergens, ses menestreus et ses obéissans qui a ceste oevre translatée de latin en françois, et encores soit il poi dignes de lui saluer, salut en Jesu-Christ, etc. »

Il est impossible de ne pas remarquer, à ce propos, que Guillaume de Lorris fut aussi sergent et ménestrel d'Alphonse de Poitiers, et que la chronique relate, à la date de 1182, les dévastations faites par le comte Etienne de Sancerre « entor Lorriz en Gastînoiz, et gastoit et ardoit tout. » Ce fait qui n'est rapporté nulle part ailleurs, et qui a dû frapper cruellement la mémoire des victimes, semble ici bien caractéristique, et ces rapprochements sont peut-être de nature à révéler le nom de l'auteur, jusqu'à présent inconnu, de *La Geste des nobles rois de France*.

V.

Testament d'Alphonse de Poitiers.

Une des principales qualités d'Alphonse était la bienfaisance. Il l'exerçait largement, non-seulement à l'égard des personnes attachées à son service ; mais il l'étendait jusqu'à leur famille, quand il en avait reçu des marques de sincère dévouement. Les comptes en fournissent la preuve et l'on

(1) *Le cabinet des manuscrits de la Bibliothèque nationale*, par M. L. Delisle, I, p. 10, et *Historiens des Gaules*, XVII, p. 428. Tous les détails concernant ce manuscrit ont été donnés par M. L. Delisle, auquel je suis heureux de rendre ce nouvel hommage. *La Geste* est à la Bibliothèque nationale, ms. fr. 5700.

a déjà vu qu'il fit un présent aux enfants de la fille de Mathilde de Lorris.

Le testament du comte de Poitiers est lui-même un témoignage bien éclatant de sa libéralité. Sa longueur tient surtout à ce que le prince ne veut oublier personne, ni un domestique, ni une communauté religieuse. Non content d'assurer le service des rentes et fondations établies de son vivant, il en crée de nouvelles, généreux jusqu'à sa mort et, comme son frère, jaloux de laisser à sa mémoire un long cortége de bienfaits. La liste de ses legs, faits aux particuliers seulement, contient 102 noms ; le 23e est celui de Guillaume de Lorris ou plutôt de ses héritiers (1). Il faut répéter les termes de la clause qui les concerne, termes bien éclaircis, je l'espère, par toutes les explications qui précèdent :

« Aux hoirs feu Guillaume de Lorriz dix livres de rente turnais ou poitevins. »

Ainsi Guillaume de Lorris mourut antérieurement au mois de juin 1270, date du testament ; et non point vers 1260, ou vers 1280, comme l'indiquent assez vaguement de nombreux auteurs. Mais son souvenir n'était pas éteint dans le cœur du maître, puisque celui-ci donne aux héritiers de Guillaume une dernière marque de son affection. Cette affection aurait même été extraordinairement vivace, si l'on adopte une troisième opinion qui fait mourir Guillaume entre 1235 et 1240 (2).

Dix livres de rente, c'était bien peu, semble-t-il ? La somme serait pourtant assez importante de nos jours. Du reste le calcul est facile à faire, avec les données que

---

(1) Archives nationales, Monuments historiques, 1er carton des rois ; K 33 n° 14, ligne 7e.

(2) On a vu plus haut qu'il figure dans des comptes de 1244 et 1245, et que, par suite, cette dernière opinion n'est pas acceptable.

l'on possède (1), et qui ont été adoptées par M. Vuitry (2) ;
et plus récemment par M. Anatole de Barthélemy, pour
son *Eclaircissement sur les monnaies de France sous
saint Louis,* publié dans la belle édition illustrée de l'histoire de ce roi, par M. Wallon (3).

La livre tournois de saint Louis s'estime, valeur intrin-
sèque, à 17 fr. 9735. Dix livres tournois représentaient
donc, au XIIIᵉ siècle, 179 fr. 735 de notre monnaie. Il faut
multiplier cette somme par 5, puisque le pouvoir de l'argent
est, au minimum, cinq fois plus fort aujourd'hui qu'alors.
On obtient ainsi une somme de 898 fr. 67 de rente comme
équivalent approximatif des dix livres tournois léguées par
Alphonse de Poitiers.

Quant à l'énonciation de monnaie tournois ou poitevine,
il n'y a pas lieu de s'y arrêter longtemps ; le testateur leur
reconnaissait évidemment la même valeur puisqu'il emploie
concurremment les deux termes. Alphonse avait adopté le
système tournois avec le titre et l'aloi de France, tout en
conservant les anciennes dénominations et les types en
usage chez ses prédécesseurs, mais en les soumettant à des
modifications successives qui les rapprochaient du type
royal. Elles s'en rapprochèrent même au point de les trop
imiter, tendance bien fréquente dans le monnayage seigneurial. Saint Louis, pour arrêter cette concurrence aux
espèces royales, dut sévir et faire décrier les monnaies de
son frère ; ce qui obligea le comte de Poitiers et de Toulouse à créer un nouveau type, uniforme pour ses domaines, et très-distinct de celui de saint Louis.

Je reviens au testament pour faire connaître, dans le cas

(1) Celles qui sont indiquées dans la préface du tome XXI des
Historiens de France, sont regardées comme les plus rationnelles.
(2) *Les monnaies et le régime monétaire de la monarchie féodale
de Hugues-Capet à Philippe-le-Bel,* 1876.
(3) Mame, 1878.

où il ne serait jamais publié, les noms de plusieurs serviteurs d'Alphonse de Poitiers et quelques legs aux communautés religieuses qui se rattachent les uns et les autres à
l'histoire de l'Orléanais.

Voici d'abord les héritiers de Jahan ou Jehan de Lorris,
dont il a été parlé ci-dessus ; Henri d'Orléans, qui ne
figure pas dans la généalogie de cette maison par M. de
Vassal ; les héritiers de Pierre de Chaulançois qui avait
été attaché à la vénerie du prince (1). Chalençois est le nom
d'un ancien châtelet royal près de Châteauneuf-sur-Loire ;
quand le Château-Neuf auquel cette ville doit son nom eut
été construit, le vieux fut aliéné, au xiiie siècle, et devint
petit fief seigneurial.

Puis viennent les héritiers de Guillaume de Montliart.
Celui-là était un chevalier de la baillie de Lorris, sorti de
l'une des maisons les plus vieilles, les plus riches et les
mieux apparentées du Gâtinais.

Ainsi que son frère Philippe, il s'attira la faveur du
comte de Poitiers qu'il rejoignit à la première croisade
en 1249, lui portant, tout chevalier qu'il était, des provisions telles que vins, fromages et harengs et aussi
17,404 livres tournois de la part du trésorier de Saint-
Hilaire de Poitiers (2). Le tout fut bien accueilli du prince
croisé et Montliard, le fidèle commissionnaire, redevenant
homme d'armes, donna, aux côtés de son maître, de vail-
lants coups d'épée aux infidèles.

Laissons Jean de Châtillon, Simon de la Forêt, Robert
de Cloie, frère Philippe de Thouri, l'un des exécuteurs tes-
tamentaires, quoique ces noms aient tous une tournure
orléanaise, et arrivons aux fondations religieuses.

(1) Il touchait 18 deniers de gages par jour. — Bibl. Nat. Ms.
Lat. 9019, fo 4.

(2) BOUTARIC, *op. cit.*, p. 76. Voir aussi le *Nobiliaire universel* de
SAINT-ALLAIS, nouvelle édition, 1873. 1, p. 501.

3

Alphonse, dans sa piété, répandait les aumônes sur les moines de la France entière. Il employait chaque année des sommes considérables en distributions aux monastères, hôpitaux, léproseries. Voici les rentes qu'il payait pour l'Orléanais seulement (1) :

Frères Mineurs de Chartres, 10 l. ; frères Prêcheurs de Chartres, 10 l. ; frères Mineurs d'Orléans, 100 s. ; frères Prêcheurs d'Orléans, 100 s. ; frères Sachets d'Orléans, 30 s. ; hospice des religieuses d'Orléans (La Magdeleine), 100 s. ; lépreux de Beaulieu près Chartres, 20 s. ; lépreux de Sainville, 20 s. ; Abbaye de Saint-Loup d'Orléans, 40 s.

Voici maintenant, aussi pour l'Orléanais, les fondations et legs extraits du testament :

« Aus frères Meneurs (Mineurs) d'Orliens, 40 l. t. ou p. ; aus frères Prescheurs de Chartres, 30 l. ; aus frères Meneurs de Chartres, 30 l. »

Le Comte donne à Notre-Dame-de-Chartres (2) 100 s. t. de rente pour son anniversaire et « 20 l. de Paris de rente pour establir une chapelenie ileuc pour nous, qui chantera chascun jour messe pour nous perpetuemant de rechief à l'iglise Notre-Dame-de-Chartres. » La même fondation est faite à Saint-Martin-de-Tours, à Saint-Denis et dans bien d'autres endroits :

Voici celle pour Orléans :

« De rechief nous lessons à l'iglise Sainte-Croiz d'Orliens, 60 s. de rente t. ou p. pour notre anniversaire faire et doze l. p. de rente pour faire illeu une chapelenie pour nous en laquele li chapeleins qui i sera establiz chantera chascun jour une messe pour nous. »

(1) Extrait de la liste intitulée : *Aumônes en dehors de l'apanage et du Comté de Toulouse*, BOUTARIC, p. 460-463.

(2) Au compte de la Chevalerie d'Alphonse, on avait acheté 12 aunes de toile pour faire des *chemises* de Chartres. — Bibl. de l'Ecole des Chartes, 3e série, t. IV. p. 35.

Voilà ce que le Comte de Poitiers fit pour l'église d'Orléans. Déjà, en 1264, il avait pris chaudement parti pour
l'un de ses dignitaires, son parent à la vérité, Jean de Courtenay, frère de notre évêque Robert et que celui-ci avait
fait nommer, en 1258, chévecier de Sainte-Croix. Jean
venait d'être élu archevêque de Reims; mais, comme le
cardinal Guillaume de Bray avait été nommé en même
temps, Alphonse n'écrivit pas moins de huit lettres, au pape
et aux principaux personnages de la Cour pontificale (1), en
faveur de son cousin dont il fit triompher les légitimes
prétentions.

VI.
Exécution du testament.

Le Comte Alphonse et sa femme étaient morts sans
enfants, laissant à la couronne de France un magnifique
héritage, Toulouse avec Poitiers. Aussi Philippe III res-
pecta tous les engagements de son oncle et s'empressa
d'assurer l'exécution de toutes ses dispositions testa-
mentaires.

En voici diverses preuves.

En ce qui concerne l'église d'Orléans, une charte du
mois de mars 1275 (v. s.) porte concession de quinze livres
de rente annuelle pour la fondation d'une chapelle dans
Sainte-Croix, à l'intention d'Alphonse de Poitiers (2). Une
autre charte donnée à Paris, en avril 1277, par le roi Philippe III, établit que, les exécuteurs du testament d'Alphonse voulant constituer à l'église de Sainte-Croix d'Orléans une rente de soixante sous tournois pour l'anniver-

---

(1) Ces lettres sont à la Bibl. nat. ms. lat. 10,918 intitulé: *Regesta
Alfonsi, fº 28 et seq.* Deux d'entre elles ont été imprimées aux preuves
de l'Histoire généalogique de la maison de Courtenay, p. 45.

(2) Cette Charte est indiquée dans un ancien inventaire du domaine
d'Orléans. L'original en semble perdu.

saire du Comte, le roi a chargé le prévôt d'Orléans de payer cette rente chaque année au terme de l'Ascension (1).

Cette chapelle fondée par Philippe III, en l'honneur de son oncle, dans l'église de Sainte-Croix sur le point d'être rebâtie, fut dédiée sous le vocable de saint Gilles (et saint Leu), probablement pour faire honneur à l'évêque Gilles Patay qui occupait alors le siége d'Orléans.

Un siècle plus tard, par une charte datée du château du Louvre, le 29 décembre 1375, Charles V mandait aux gens de ses comptes qu'il avait reçu des doyen et chapitre d'Orléans une supplique où l'on exposait que les rentes dues à Sainte-Croix avaient été payées régulièrement, jusqu'à ce que le duché d'Orléans vint aux mains de l'oncle du roi, Philippe, duc d'Orléans « derrenier trespassé que Dieu absoille (2). »

Le roi ordonna que l'acquittement de ces deux rentes fût opéré d'une manière exacte et aux termes accoutumés (3).

Les prescriptions royales furent exécutées ainsi que le constatent les nombreuses quittances conservées aux Archives du Loiret (4). Ces quittances mentionnent, pour l'obit, 48 sous parisis ; et pour le chapelain de Saint-Gilles,

(1) Original sur parchemin, lacs de soie rouge et verte, le sceau est perdu. Arch. dép. du Loiret, fonds de Sainte-Croix, chapelles et fondations. — E. 1. Layette de Saint-Hilaire.

(2) Cette charte avance de seize ans la mort du premier duc d'Orléans, que Le Maire et plusieurs autres historiens ont fixée, par erreur, à l'année 1391. Il y a d'ailleurs, aux archives du Loiret, une ordonnance du duc Philippe au receveur d'Orléans de payer la rente du prieur de Saint-Hilaire, datée du 9 juillet 1374 ; et le privilège, accordé par Charles V aux habitants d'Orléans, pour déclarer le duché et la ville d'Orléans inséparablement unis au domaine de la Couronne, du mois de septembre 1375, où il est fait mention de la mort du duc. Le décès doit donc se placer entre ces deux dates.

(3) Arch. dép. Fonds de Sainte-Croix. Dons royaux.

(4) Inventaire imprimé, A. 2091 et 2092. Voir aussi dans les *Histo-*

12 livres parisis. C'est l'équivalent des 60 sous] tournois et des 15 livres tournois constitués en rentes à l'église de Sainte-Croix, en exécution du testament ; puisque la monnaie parisis valait un cinquième de plus que la monnaie tournois.

Pierre de Montliart, petit-fils de Guillaume, obtint de son côté, en 1276, des lettres patentes de Philippe-le-Hardi, adressées au receveur de l'Orléanais, à l'effet de payer audit Pierre un legs que le feu comte Alphonse, oncle du roi, par son testament en 1270, avait fait aux hoirs de Guillaume de Montliart, jadis *son chevalier* (1). Cette qualification prouve surabondamment que Guillaume de Montliart faisait partie de l'hôtel et de la maison du comte de Poitiers.

En ce qui concerne Guillaume de Lorris, je n'ai pas rencontré, malgré toutes mes recherches, l'acte même par lequel Philippe III dut assurer, comme pour tous les autres legs, le service de la rente attribuée aux *hoirs* de Guillaume. Cet acte apprenait peut-être le nom des héritiers immédiats, ce qui serait d'une [importance capitale pour la généalogie de l'auteur du *Roman de la Rose*. Il est à souhaiter que cette lacune se comble un jour, maintenant qu'on est sur la voie.

Cependant le regret que je viens d'exprimer n'est pas resté sans quelque compensation ; les investigations aux archives en procurent toujours. Il y a dans celles du département du Loiret un fonds spécial pour la châtellenie de Lorris (2). Il s'y trouve des lettres patentes de Charles VI

---

riens des Gaules, t. XXII, p. 637, le compte des baillis et prévôts de France pour la Toussaint 1285. Art. 55, *Aureliani : Legatum comitis. Ecclesia Aurelianensis, pro una capellania, pro meditate*, VI, I. »

(1) *Nobiliaire universel de France*, par DE SAINT-ALLAIS, nouvelle édition. — 1873, t. I. p. 502.

(2) Inventaire imprimé, A. 245-297

datées de Paris, le 24 octobre 1384, par lesquelles le roi
déclare que, en 1275, pour accomplir l'ordonnance et dernière volonté d'Alphonse de Poitiers, laissant « aux hoirs
feu Guillaume de Lorris, jadis serviteur dudit comte, dix
livres tournois de rente annuelle ; et aux hoirs feu Estienne
de Auxe, jadis son serviteur, semblablement dix livres tournois de rente annuelle », le roi Philippe III a mandé au
prévôt de Lorris de payer auxdits hoirs lesdites vingt livres
tournois de rente.

Charles VI ajoute au surplus que ces vingt livres échu-
rent par succession à feu Vilain Dalemant et, après sa
mort, à Erart Dalemant, son fils et son héritier ; que celui-ci
en a fait don à Erart Chanteprime, étudiant à Paris, « filz
de son cousin remué de germain » et son filleul, lequel,
lit-on dans la donation, « icellui Dallemant à levé du saint
font de baptesme. » En conséquence, le roi ordonne aux
gens des comptes, au receveur d'Orléans et au prévôt de
Lorris d'opérer le transport de ladite rente au bénéfice
d'Erart Chanteprime (1).

Aux lettres-patentes de Charles VI est jointe la donation
entre-vifs d'Erart Dalemant, bourgeois de Sens, en faveur
de son filleul et cousin Erart, fils de François Chanteprime,
datée du vendredi après la nativité de Notre-Seigneur 1384.
Cette donation en « fillelaige » relate donc des faits déjà
connus, mais avec un détail nouveau : c'est que Erart Dalemant possédait les vingt livres de rente sur la prévôté de
Lorris « de son propre héritage, à cause de feue damoiselle
Marie La Chapelle, sa mère (2). »

Le mandement des gens des comptes au receveur d'Orléans portant ordre « d'enregistrer et escrire en la despence
à héritage de sesdits comptes, ou chappitre de Lorris, Erart

(1) A. 269. — Pièce justificative, I.
(2) A. 269. — Pièce justificative, II.

Chanteprime pour la rente que soulloit prendre illeuc
Erart Dallemant, ou lieu des hoirs feu Estienne d'Auxi, seize
livres parisis » moitié à la Toussaint, moitié à l'Ascension.
L'acte est du 4 février 1384 (1). Seize livres parisis repré-
sentent exactement les vingt livres tournois du legs; comme
il a été dit ci-dessus pour Sainte-Croix.

On lit enfin dans le compte des bailliages et prévôtés de
France, pour le terme de Toussaint 1285, la mention sui-
vante :

« *Legatum comitis, Heres Johannis de Lorriaco, pro
medietate*, III, l. — *Heres Stephani de Auxiaco, pro
medietate*, III, l. — *Heres Guillelmi de Lorriaco, pro
medietate*, III l. (2).* »

VII.
Héritiers de Guillaume de Lorris.

Certains historiens racontent que Guillaume de Lorris,
féru d'amour pour une dame de haut parage, avait com-
mencé le *Roman de la Rose*, afin de toucher le cœur de
son inhumaine; qu'il se met lui-même en scène, sous les
traits de l'*amant*, et décrit son propre martyre. Ils ajoutent
naïvement, tant cette conclusion leur paraît naturelle, que
la noble châtelaine, à la fin émue d'une telle constance,
couronna la flamme du poëte. Le roman est subitement
interrompu, Guillaume laisse tomber sa plume .. On sait
que Jean de Meung la ramassa, pour s'en escrimer vaillamment durant 19,000 vers.

Mais la légende omet de nous apprendre quelles furent
les suites de ce vrai parangon des mariages d'amour. Les
époux furent-ils heureux et, comme dans les contes de fées,

(1) A. 269. Une erreur sans importance, puisqu'elle ne se produit
que dans cet acte, y fait oublier les hoirs feu Guillaume de Lorris.
(2) *Historieus des Gaules et de la France*, XXII, p. 638.

eurent-ils beaucoup d'enfants ? L'histoire sérieuse aussi est
muette sur ce point, même sur celui du mariage. Cependant les documents ci-dessus analysés fournissent des indications plutôt négatives, sinon du mariage lui-même, au
moins d'une descendance masculine.

En effet, dans l'espace de cent quatorze ans, c'est-à-dire
depuis 1270, date du testament d'Alphonse, jusqu'à 1384,
date de la donation à Erart Chanteprime, la rente *aux
hoirs* de Guillaume de Lorris s'est transmise, par les
femmes, à quatre personnes portant des noms différents.
Si l'on attribue à chacune de ces personnes une existence
moyenne de trente années, ce qui n'est pas exagéré puisque toutes avaient atteint l'âge adulte, la première aurait
été contemporaine d'Alphonse de Poitiers et peut-être de
Guillaume de Lorris. Est-elle sa fille ou sa sœur ou sa
nièce ?

Cette première personne, dont on ignore le nom, est
la mère de Marie la Chapelle. Celle ci épouse Vilain
Dalemant, à qui elle apporte les deux rentes réunies de
Guillaume de Lorris et de Jean d'Auxe ou d'Auxy. Leur
fils, Erart Dalemant, hérite à son tour de ces rentes et les
transmet, par donation, à son cousin Erart Chanteprime. Il
n'y a pas d'intérêt à poursuivre plus loin la recherche des
possesseurs de cette rente ; la trace s'en perd du reste
absolument au xvii° siècle. Il est probable qu'elle revint
au domaine par dechérence ou par le remboursement du
capital aux ayant-droit (1).

La descendance de Guillaume de Lorris, par les femmes,
peut encore s'établir d'une autre manière, par l'étude des
chartes relatives au domaine de Courpalais, paroisse de
Montereau, à deux lieues sud-est de Lorris. Au mois d'oc-

(1) Cette charge n'est plus mentionnée dans la vente par engage-
ment du domaine de Lorris à François Savary, comte de Brèves,
en 1622. Arch. dép. du Loiret, A. 248.

tobre 1256, saint Louis accorde des lettres-patentes d'inféo-
dation à son clerc, Eudes de Lorris, pour sa maison de
Courpalais, portant permission de chasser à l'oiseau et aux
petites bêtes dans la garenne royale de Lorris pour Eudes
et ses héritiers, concession du terrage de Courpalais, des
droits de pâturage, panage et usage dans la forêt de Chaumontois, etc. (1). Philippe III, au mois de mars 1281 (v. s.)
confirme à Etienne de Lorris, son clerc, neveu et héritier
d'Eudes, également seigneur de Courpalais, les droits de
pâturage et de panage accordés à son oncle par saint Louis
et limite la paisson au nombre de cent porcs (2). Trois ans
après, le même roi Philippe III, étant à Evreux, au mois
de décembre 1284, permet à Etienne, dit Barnom (*sic*), son
clerc, archidiacre de Bayeux, seigneur de Courpalais (le
même personnage qu'Etienne de Lorris) de vendre plusieurs
bois de son domaine, sans que le roi puisse y prétendre aucun droit, même de gruerie et de danger (3).

J'ai déjà dit que plusieurs historiens regardent Eudes de
Lorris comme le frère de Guillaume. Or, ce seigneur de
Courpalais était homme d'église, d'abord clerc du roi et
chargé de missions de confiance par Blanche de Castille
et saint Louis, chanoine de Beauvais, chévecier de Sainte-
Croix d'Orléans, doyen de Saint-Aignan d'Orléans, puis
conseiller au Parlement, évêque de Bayeux (4), enfin

(1) Vidimus sur parchemin de la prévôté d'Etampes. 9 avril 1385.
Arch. dép. Châtellenie de Lorris, A. 282.

(2) *Id*. A. 282.

(3) *Id*. A. 282.

(4 *Gallia Christiana*, t. XI. M. L. Delisle a bien voulu me donner quelques indications sur ce personnage ; quoiqu'il soit très-secon-
daire dans cette notice, je me fais un devoir de les transcrire ici :
t. XX des *Notices et Extraits des manuscrits*, pp. 416, 417, 421, 430,
432, 432 ; Registre E de Phil. Aug. aux Arch. nationales : trésor des
chartes, J, 385, n° 1 ; registre des visites d'Eudes Rigault, Ed. BONNIN,
pp. 321, 441 ; Ms. 77 de Baluze, f. 257, à la Bibl. nationale.

membre du Conseil de régence formé par Philippe III, en 1270. Il mourut en 1274, laissant pour héritier son neveu Etienne de Lorris, clerc de Philippe III, archidiacre de Bayeux, chanoine de Reims, conseiller au Parlement et enquêteur sous saint Louis en 1268 (1).

Si l'on pense qu'Etienne fut fils du poëte, la descendance masculine s'arrête donc encore de ce côté, comme de l'autre, à la mère de Marie la Chapelle, puisqu'Etienne était aussi ecclésiastique ; et, dans le cas où il aurait été, ce qu'on ignore, le premier titulaire de la rente *aux hoirs Guillaume de Lorris*, il l'aurait transmise à la mère de Marie la Chapelle.

VIII.

Lorris-en-Gâtinais et Loury-aux-Bois.

Voilà quelques jalons utiles pour la généalogie de Guillaume de Lorris ; mais ils sont trop peu nombreux et on ne peut y ajouter que des renseignements trop incertains pour que j'ose entreprendre cette généalogie. Le chanoine Hubert l'a voulu essayer et a complétement échoué (2). Dès lors qu'un savant de ce mérite éprouve un échec, personne ne peut se présenter à sa place qu'armé de toutes pièces et les mains pleines de preuves.

La difficulté sera toujours extrême, à cause de la confusion inévitable entre les noms de Lorris et Loury écrits et prononcés indifféremment : Lory ou Lorry, au moyen-âge ; de même que les membres de ces deux familles s'appelaient aussi en latin : *de Loriaco* ou *Lorriaco*. Cette confusion se retrouve même dans les Actes du Parle-

(1) *Vie de Saint-Louis*, par LE NAIN DE TILLEMONT, V. p. 70.
(2) *Histoire du païs Orléanois*, Ms. 436 de la Bibliothèque d'Orléans. — Seigneurs de Loury-aux-Bois.

ment (1). C'est l'écueil que n'a pu éviter Hubert et dans lequel tomberont ceux qui voudront suivre la même voie.

Une pareille erreur est impossible pour Blanchard, seigneur du Moulinet près Lorris, pour Eudes et Etienne, seigneurs de Courpalais près Lorris, surtout pour Guillaume de Lorris. La preuve s'en trouve, pour ce dernier, dans la constitution de rente en faveur de ses héritiers précisément sur la prévôté royale de Lorris-en-Gatinais. S'il s'était agi d'un seigneur de Loury, fief relevant de l'évêché d'Orléans, l'établissement de cette rente, par le roi, aurait été fait sur Neuville, la plus voisine prévôté royale, ou sur Orléans ; la désignation de Lorris est bien caractéristique et la *mouvance* féodale tranche la question.

D'ailleurs Loury était, au milieu du xiii° siècle, c'est-à-dire à l'époque où vivait, où mourait notre poète, aux mains d'une branche de la famille des Bouteillers de Senlis. Raoul I le Bouteiller, mourant en 1250, a pour successeur son fils Raoul II mort en 1276, six ans après Alphonse de Poitiers. A Raoul succède son fils Guillaume I le Bouteiller, seigneur d'Ermenonville, de Loury et des Rués, trop tard venu pour qu'on puisse le confondre avec l'auteur du *Roman de la Rose*, quand bien même les motifs qu'on vient d'exposer ne suffiraient pas pour attester l'origine gâtinaise du poète (2).

(1) Arrêt au profit de Guillaume le Bouteiller, chevalier, seigneur de Lorris. Il réclamait la haute justice de la ville et du terroir de Lorris, mise sous la main de l'évêque, comme seigneur suzerain. (Voir aussi *Olim*, IV, f° 76 r°.)

Arrêt favorable à l'évêque d'Orléans. La dame de Lorris demandait qu'on lui restituât deux individus que ses gens avaient arrêtés pendant qu'ils se battaient dans la rue « de Chillare (Chilleurs) » et dont les gens de l'évêque s'étaient ensuite emparés.

On écrit ici, dans les deux arrêts, Lorris pour Loury dont l'évêque d'Orléans était suzerain et justicier pour certains cas. (*Inventaire*, t. II, p. 519.)

(2) *Généalogie des Bouteillers de Senlis*, par A. du CHESNE.

Ces motifs suffisent bien; car, si l'on voulait admettre, malgré tout, que Guillaume était seigneur de Loury, bien qu'aucun d'eux ne porte son prénom en temps utile, il faudrait expliquer alors pourquoi les héritiers de sa rente ne sont pas ces mêmes Bouteillers qui se succèdent tous en ligne directe : Raoul I, Raoul II, Guillaume, Guy le Bouteiller ; mais Marie La Chapelle, Vilain Dalemant, Erart Dalemant, bourgeois de Lorris, où cette famille fut assez nombreuse pour laisser des traces dans les archives de la chatellenie. On y rencontre, en 1353, Aymart Dalemant possédant un habergement à Lorris (1) ; en 1379, Jean Dalemant, prieur de Chappes-en-Bois près Lorris (2).

On ne peut même pas prétendre que Guillaume soit originaire de Loury, sans appartenir à la famille seigneuriale ; puisque le fait de cette rente constituée à Lorris, servie à Lorris et à des habitants de Lorris, ne présente aucun point de contact avec Loury-aux-Bois.

IX.

Guillaume de Lorris et Jean de Meung.

La tâche que je m'étais imposée, en commençant cette notice, est achevée ; j'ai indiqué quelques documents de nature à préparer une biographie de Guillaume de Lorris. J'aurais voulu faire davantage pour honorer l'une de nos plus grandes célébrités orléanaises, un poète vers lequel on se sent franchement attiré ; car je n'hésite pas à déclarer qu'entre Guillaume de Lorris et Jean de Meung toute ma sympathie est acquise au premier.

Guillaume possède une qualité incontestable ; il est à la fois novateur et inventeur, deux mots qui, loin de s'exclure

(1) Arch. dép., A. 248.
(2) Id. A. 271.

l'un l'autre, se complètent. Au moyen-âge fatigué, semble-t-il, de tous ces coups d'épée, de toutes ces histoires fabuleuses des chansons de geste, il présente un genre un peu trop symbolique et abstrait, peut-être, mais du moins tout à fait inconnu : le roman de l'amour pur. Il crée son *Roman de la Rose* tout d'une pièce et le peuple d'un monde ingénieusement nommé : Bel-Accueil, Liesse, Déduit, Raison, Faux-Semblant, Dangier, Malebouche, etc. Tous ces personnages ont un caractère bien tracé et constamment suivi

Guillaume est un poète gracieux, délicat, au style précis et clair, descriptif sans abondance et charmant sans miévrerie. Traducteur élégant de Tibulle, de Catulle et d'Ovide, il n'imite pas l'*Art d'aimer*, du moins autant qu'on l'a dit, mais il raconte les peines et les plaisirs de ceux qui aiment et qui aiment pour la première fois.

Il diffère ainsi de ses voluptueux devanciers. Il a, de plus qu'eux, le respect, le culte de la *femme*. Sa *parole* est toujours chaste, sa passion unique ; ce qui le distingue aussi de *ses successeurs, les poètes aux mobiles amours de la Renais-sance*. Ce n'est pas Ronsard avec sa Cassandre, sa Marie, son Hélène de Surgères ; ni Mellin de Saint-Gelays avec Loyse du Plessis et Mademoiselle de Saint-Léger ; encore moins Olivier de Magny avec Louise, Castianire et tant d'autres ; c'est Guillaume de Lorris, un gentilhomme de race, écrivant à l'âge où le cœur s'ouvre aux sentiments tendres. Il parle comme il sent, il est naïf, il est vrai.

Tout autre se présente maître Jehan de Meung, gentilhomme aussi de naissance, cependant plutôt clerc rompu aux subtilités de la scolastique et savant jusqu'à la pédanterie. Trouvant un cadre tout prêt, avec une action et des personnages, il continue longuement et termine l'œuvre, mais à sa manière. Ne lui demandez pas de respecter le plan de Guillaume ; il n'en a point lui-même.

Le *Roman de la Rose* n'est, à ses yeux, qu'un prétexte de traité où se donnent rendez-vous toutes les connaissances humaines, une encyclopédie par exemple plutôt qu'une somme, avec un mélange d'érudition, de philosophie plus ou moins bonne, et de satire à haute dose.

Moins délicat que Guillaume, moins gracieux, surtout moins candide; il est plus nerveux, son jugement a plus de vigueur, sa parole plus d'éloquence, son style plus de vivacité et de coloris. Il aime à remuer les idées sans s'asservir aux conventions. Bon ou mauvais, il critique tout. C'est le premier des indépendants; deux siècles plus tard, c'était peut-être un réformateur. Ses qualités et ses défauts, les discussions qui ont accueilli ses thèses, contribuèrent, au moins autant que la fable inventée par Guillaume, à mettre en relief et hors de pair le *Roman de la Rose*.

Le *Roman de la Rose* eut d'ailleurs une vogue merveilleuse. Il s'en répandit d'innombrables copies qu'on retrouve dans les inventaires des châteaux et dans toutes les bibliothèques un peu complètes du moyen-âge, et il était universellement connu avant que l'imprimerie le reproduisît en éditions si multipliées que leur bibliographie formerait un important chapitre. Barbazan comptait 59 de ces manuscrits qu'il avait vus, à Paris seulement, dans les bibliothèques publiques et particulières où il avait accès.

On comprend bien qu'ici je parle du passé, et d'un passé qui ne reviendra pas et que je n'engage en rien la critique moderne; si *naturalistes*, en effet, que soient certaines expressions du poème, la trame en est trop lâche, l'action trop languissante, la lecture trop fastidieuse, ayons le courage de le dire, excepté pour les amateurs de linguistique et d'archéologie littéraire, pour que, jamais plus, un Gerson, une Christine de Pisan se prennent à condamner les dangereuses beautés du *Roman de la Rose*, un Pétrarque à en exalter les mérites.

Revenons à Jean de Meung.

Quant à enseigner l'art de « honnestement aimer, » peu lui chault; Jean ignore l'amour, il ne doit pas le connaître, ou n'en a retenu, comme un écho lointain, que les plaintes et les regrets, les faiblesses ou les trahisons. Mais il a de l'expérience, il a beaucoup lu; il sait tant de bonnes histoires contre les moines et contre les femmes qu'il ne peut se tenir de les raconter; et cela, avec une hardiesse, une licence que les habitudes contemporaines ne suffisent pas à excuser. C'est qu'il est l'ennemi des ordres réguliers et qu'il méprise les femmes, on ne sait pourquoi. Il n'y en a point d'honnête, croit-il, aucune ne trouve grâce à ses yeux; aucune, c'est vraiment trop peu.

On aurait tort pourtant de croire, au fond, Jean de Meung ou débauché ou sceptique. Il partage seulement les travers des écrivains de son époque; il en cultive les sciences erronées, l'astrologie et l'alchimie. De plus, il a les défauts de son âge. Sa continuation du *Roman de la Rose* est une œuvre de jeunesse. C'est lui-même qui le dit dans son testament poétique :

> J'ai fait en ma jonesce maint diz par vanité
> Où maintes gens se sont pluseurs fois délité.

Cet aveu de l'âge mûr, n'est-ce pas comme un demi-regret? Jean de Meung, dont la vie d'ailleurs fut toujours respectable, n'était plus alors un simple clerc, mais un prêtre revêtu de hautes dignités ecclésiastiques et remplissant honorablement les devoirs de son état. Veut-on un désaveu formel? C'est encore lui qui le fournit dans un acte solennel, son testament. Cet écrivain, qui a parlé si librement des moines, fait un grand nombre de legs aux couvents d'hommes et de femmes de l'Orléanais.

Il faut donc convenir qu'il s'est laissé entraîner au-delà du but par la tendance satirique de son esprit; et il y a peut-être lieu d'appliquer à Jean de Meung, lui-même, ce vers-proverbe, échappé de sa plume juvénile, qu'on lui emprunte souvent, sans le citer, et même sans en connaître l'auteur :

La robe ne fait pas le moine.

PIÈCES JUSTIFICATIVES.

I.

Autorisation royale à Erart Dalemant de transporter à Erart Chanteprime la rente des héritiers de Guillaume de Lorris et d'Etienne d'Auxy.

1384.

Charles, par la grâce de Dieu, roy de France, à tous ceulx que ces présentes lettres verront, salut; comme dès l'an de grâce mil deux cens soixante-quinze, pour acomplir l'ordonnance et derrenière voulenté de feu Alfons jadiz conte de Poictiers et de Thoulouse, lequel avoit par son testament ordené certaine rente estre distribuée et assignée par ses exécuteurs à aucuns de ses serviteurs ou à leurs hoirs, iceulx exécuteurs eussent baillié et assigné aux hoirs de feu Guillaume de Lorris, jadiz serviteur dudit conte, dix livres tournois de rente annuelle et aux hoirs feu Estienne de Auxy, jadis son serviteur, semblablement dix livres tournois de rente annuelle, selon ce que ou testament dudit feu conte estoit plus a plain contenu. Après laquelle assiete ou assignacion bonne mémoire le roy Philippe, notre prédécesseur qui lors règnoit, eust, pour le salut et remède de lâme dudit conte son oncle, voulu et mandé, par ses lettres en cire vert et las de soye, que quiconques dilec eu avant seroit prévost de Lorris il paiast ausdiz hoirs les dictes vint livres de rente annuelle, lesquelles vint livres de rente vindrent et escheirent par succession à feu Vilain Dalemant et après sa mort sont escheues à Erart Dalemant son filz et héritier, qui à ce tittre en a esté et est saisi et vestu et en

4

bonne possession et saisine ; Et d'icelle rente ont tousjours
depuis joy et encores en joist paisiblement et sans aucun
empeschement, lequelErart ,pour amour et affection qu'il a
et doit avoir à Erart Chanteprime , son filleul et filz de son
cousin remue de germain ; Considerans plusieurs biens et
curialitez qu'il a euz et receuz des parens et amis de sondit
filleul qui est estudiant à Paris, voulant le secourir afin que
mieulx il puisse continuer son estude, a voulenté et désir de
lui céder délaissier et transporter par pur don irrévocable
et à perpétuel héritage, pour lui ses hoirs et aians cause
lesdictes vint livres tournois de rente, ou cas qu'il nous plai-
rait et que sur ce vouldrions donner notre consentement.
Savoir faisons que nous, eue considération aux choses dessusdictes et pour le bon et louable propos dudit Erard
Dalemant mettre à effet ; Et aussi en faveur de lestude de
sondit filleul ; A icellui Erart Dalemant ou cas dessusdict,
avons ottroyé et ottroyons par ces présentes, .e grâce espé-
cial en tant qu'il nous touche, que la dicte rente avec tout le
droit et accion qu'il a et puet avoir en icelle, il puisse délaissier et transporter à perpetuel héritaige à sondit filleul
pour lui ses hoirs successeurs et ayans cause par don irrévocable fait entrevifz ; et voulons et nous plaist que ledit
transport ainsi fait, icellui Erart Chanteprime soit enregis-
tré partout où il appartendra pour et ou lieu dudit Erart
Dalemant. Si donnons en mandement par ces présentes à
noz amez et féaulx gens de noz comptes à Paris, au receveur
d'Orléans, au prévost de Lorriz et à touz noz autres officiers
à qui il puet et doit appartenir, que de notre présente grâce
et ottroy ilz facent sueffrent et laissent les diz Erart Dalemant et Erart Chanteprime et chacun deulx joir et user
paisiblement, sans souffrir que au contenu ilz y soient mo-
lestez ou empeschez de présent ou pour le temps à venir en
aucune manière nonobstant quelxconques ordenances, man-
demens ou deffenses à ce contraires. En tesmoing de ce

nous avons fait mettre notre scel à ces présentes lettres. Donné à Paris le xxiiiᵉ jour d'octobre lan de grâce mil ccc quatre vins et quatre, Et de notre règne le quint. — Ainsi signées, par le Roy a la relacion du conseil. P. Christiani.

Arch. dép. du Loiret, châtellenie de Lorris. (A. 269, Invent. imprimé.) Copie collation- née sur parchemin, faite en la Chambre des Comptes du duc d'Orléans, le 10 no- vembre 1414.

II.

Donation par Erart Dalemant à Erart Chanteprime de la rente des héritiers de Guillaume de Lorris et d'Etienne d'Auxy.

1384.

A tous ceulx qui ces présentes lettres verront et orront; Erart de Voisines, prévost de Sens, et Jehan Tribole, garde du scel de ladicte prévôsté, salut. Saichent tuit que parde- vant Jehan Blanche, clerc tabellion juré de ladicte prévosté, auquel nous adjoustons plénière foy et auquel quant à ce qui s'ensuit nous avons commis et commettons notre povoir, Estably personnelment Erart Dalemant, bourgois de Sens, disans et affermans que comme il ait teigne et possède de son propre héritage, A cause de feue damoiselle Marie La Chappelle sa mère, vint livres tournois de rente annuelle et perpétuelle en et sur la prévosté, rente et revenues de Lor- riz en Gastinoiz, à paier c'est assavoir : la moitié à la feste de Toussains et l'autre moitié à la feste de l'Ascension Notre Seigneur, et par don et octroy fait à ses prédéces- seurs dont il a cause, par feu bonne mémoire Mess. Alfons a diz conte de Poitiers et de Thoulouze, et après confer-

mée par feu bonne mémoire Philippe jadis Roy de France
et nepveu dudit feu conte. Considérans les grans courtoi-
sies, secours et aides que honorable homme et sage sire
François Chanteprime, cousin dudit Dalemant, a faiz ou
temps passé à icellui Dalemant, fait chacun jour et qu'il
espère qu'il lui face ou temps à venir ; Considerans encore
l'amour et affection qu'il a envers Erart Chanteprime, filz
dudit sire François, filleul dudit Erart Dalemant ; Et lequel
icellui Dalemant a levé du saint font de bapteisme : Pour
yce, recongnut ledit Erart Dalemant lui avoir donné, cédé,
quicté, octroyé, transporté et délaissié, et par ces presentes donne, cède, quicte, octroye, transporte et délaisse audit Erart Chanteprime son filleul et en fillelaige, pour lui,
pour ses hoirs et pour ceulx qui de lui auront cause ou
temps advenir, perpétuelment et héréditairement, par don
fait entre vifz sans espérance de jamès rappeller lesdictes
vint livres tournois de rente annuelle et perpétuelle, pour
ycelle prendre, lever, recevoir, percevoir et avoir par ledit
Erart Chanteprime, ses hoirs et ceulx qui de lui auront
cause, auxdiz termes et par la manière que ledit Erart Dalemant, sadicte mère et ses autres précédesseurs dont il a
cause les ont acoustumé de prendre, lever, avoir, percevoir, cueillir et recevoir, avecques touz les arrérages deuz
audit Erart Dalemant à cause desdictes vint livres tournois
de rente, cedent et transportant icellui Erart Dalemant
oudit Erart Chanteprime son filleul en ses hoirs et en ceulx
qui de lui sont à avoir cause tout le droit, toute laction
réelle et personnelle, propriétaire, possessoire et seigneurie qu'il avoit, povoit et devoit avoir en ladicte rente et ès
arrérages dicelle, ainsi donnée comme dit est, pour quelque
cause, tittre ou raison que ce feust on peut estre ; Et d'icelle
rente et arrérages d'icelle il desvesti et dessaisy en la main
dudit juré et en vesti et saisi ledit Erart Chanteprime, ses
hoirs et ceulx qui de lui auront cause ou temps à venir, par

le bail et tradicion de ces presentes lettres ; En establissant
icellui Erart Chanteprime, ses hoirs et ceulx qui de lui auront cause, vray seigneur, procureur, propriétaire et pos-
sesseur en ladicte rente et arréraiges dicelle, ainsi donnée
comme dit est, comme en sa propre chose ; Promettant ledit Erart Dalemant par sa foy pour ce baillée corporelment
en la main dudit juré que contre le don, cession, octroy et
transport dessus diz jamès ne venra ne par autre venir fera
ou temps advenir ; Einssoyz le tenra et gardera sans cor-
rompre à tousjours ; Et ycelle rente ainsi donnée comme
dit est icelui Erart Dalemant garentira, délivrera et deffen-
dra Audit Erart Chanteprime et aux ayans cause de lui tous
coustz despens dommaiges intérestz et dépens qu'il aura et
soustendra ou pourra avoir et soustenir par deffault de
choses dessusdictes ou d'aucunes d'icelles non deuement
tenues, gardées, garenties, enterinées et acomplies, en la
manière que dit est dessus. Et quant à icelles choses dessusdictes et unes chascunes d'icelles plus fermement tenir,
garder, garentir, entériner et acomplir comme dit est, ledit
Erart Dalemant en obliga et oblige audit Erart Chanteprime et aux aians de lui cause soy, ses hoirs, tous ses
biens et les biens de ses hoirs, meubles et immeubles, pré-
sens et advenir, où qu'ilz soient trouvez, Et iceulx soub-
mist quant à ce à justice, à la juridicion et contrainte du
roy notre seigneur, de ladicte prévosté de Sens et à toutes
autres juridicions, où qu'il aille ou se transporte, par prinse,
vendue et explectation de sesdits biens ; Et renonca quant
à ce ycellui Erart Dalemant et par sa dicte foy à toutes
Actions, excepcions et décepcions de fait et de droit ; à
toutes grâces, respiz, indulgences et dispenses, données
et à donner ; à toutes barres, franchises, cautelles, cavilla-
cions, allégacions, raisons et deffenses ; à tout droit canon
et civil, escript et non escript, et généralment à toutes
renonciations quelconques, que l'en pourra dire ou propo-

ser contre ces présentes lettres; Espécialment au droit disant général renonciation non valoir ès espéciaulx. Présents et tesmoingz à ce appelez avec ledit juré : Adam de Bragelogine, Perrin Lestenne et Estienne de Bray, demeurans à Sens, si comme ledit juré nous a rapporté par cest escript. En tesmoing de ce nous, à la relation dudit juré, avons scellées ces présentes lettres du scel de ladicte prevosté. Donné le vendredi après la nativité notre Seigneur, l'an mil CCC quatre vins et quatre. Ainsi signé : J. BLANCHE.

Archives départementales du Loiret, Châtellenie de Lorris, A. 269. Copie collationnée sur parchemin, faite en la Chambre des Comptes du Duc d'Orléans, le 10 novembre 1414.

TABLE DES CHAPITRES.

Pages

I. Les Biographies d'autrefois et d'aujourd'hui............. 3

II. Les Rois de France à Lorris......................... 10

III. La famille de Lorris au service des Rois de France....... 17

IV. Guillaume de Lorris et Alphonse de Poitiers............ 22

V. Testament d'Alphonse de Poitiers.............. 28

VI. Exécution du testament............. 33

VII. Héritiers de Guillaume de Lorris...................... 37

VIII. Lorris-en-Gâtinais et Loury-aux-Bois.................. 40

IX. Guillaume de Lorris et Jean de Meung................. 42

    Pièces justificatives 47

Orléans, — Imp. de Puget et Cie.

www.ingramcontent.com/pod-product-compliance
Lightning Source LLC
LaVergne TN
LVHW022155080426

835511LV00008B/1419